AF199186

Tim Gold

Mehr Energie, Disziplin & Euphorie

in 4 einfachen Schritten

Bibliografische Information der Deutschen
Nationalbibliothek: Die Deutsche Nationalbibliothek
verzeichnet diese Publikation in der Deutschen
Nationalbibliografie; detaillierte bibliografische
Daten sind im Internet über dnb.dnb.de abrufbar.

© 2018 Dominik Alexander Baron

E-Mail: autor-dominik-baron@web.de

Herstellung und Verlag:

BoD – Books on Demand, Norderstedt

ISBN : 9783746013350

Inhaltsverzeichnis

Einleitung

Bevor ich dir die 4 Schritte bzw. Säulen vorstelle, die dir zu mehr Energie, Disziplin und Euphorie verhelfen, möchte ich dir zuerst noch meinen Weg zu diesem Thema näherbringen. Angefangen hat es damit, dass ich mich vor ein paar Jahren irgendwie öfter schlecht gefühlt habe. Damit meine ich nicht, dass ich öfter erkältet war, sondern ich mich psychisch schlecht fühlte. Ich hatte oft schlechte Laune, weniger Spaß und Freude an meinem Leben und war gelangweilt. Gelangweilt von meinem Alltag, von meinen Mitmenschen und von mir selbst. Durch Zufall fand ich im Internet Informationen von einem „Biohacker". Biohacker sind Personen die versuchen ihr Leben, auf der Grundlage von biologischen und biochemischen Prozessen im Körper, zu verbessern/zu „hacken", um sich dadurch leistungsfähiger zu machen. Ich machte meine erste ColdShower-Challenge und war beeindruckt von den Resultaten, die ich nur aufgrund von mehreren kalten Duschen verspürte. Nach und nach wurde ich mehr in den Bann gezogen. Ich verkehrte mehr und mehr in „self-improvement"-Kreisen (self improvement – sich selber verbessern) und lernte unter anderem NoFap und SleepHacking kennen. Zwei Dinge, die einem in vielen Lebensbereichen, sehr stark helfen. Meditation ist die 4. Säule, die ich dir vorstellen will. Zur Meditation kam ich erst vor kurzem, konnte die Auswirkungen, wie ich sie auch bei ColdShower, NoFap und SleepHacking erfuhr, ähnlich schnell spüren. Zuerst teilte ich meine Erkenntnisse meinen Freunden mit, die alle mehr oder weniger interessiert waren. Ich kann schon verstehen, dass wenn man jemandem was von kaltem Duschen und frühem Schlafengehen erzählt, derjenige nicht in Euphorie ausbricht. Auch bei meiner Familie hat das ganze Thema nicht wirklich Anklang gefunden. Sie nahmen zwar teilweise Rücksicht auf meinen neuen Lebensstil, selbst haben sie aber keinen meiner Ratschläge angenommen. Das lag jedoch eher an meinem, damals noch vorherrschenden, Halbwissen über die Themen und daran, dass ich damals noch keine überzeugenden Fakten liefern konnte.

Warum ich dieses Buch nun schreibe, ist einfach: Ich bin so fasziniert von der gewaltigen Wirkung der vier Tätigkeiten und überzeugt, dass diese vier Dinge wirklich vielen Menschen helfen können. Die Resultate die mein selbsternannter „Höllenmonat" bringt, sind gewaltig. Dieses Wissen möchte ich niemandem vorenthalten. In dem Buch findest du all mein theoretisches Wissen, mit meinen und den Erfahrungen anderer. Das Ganze ist, zusätzlich, mit den aktuellsten wissenschaftlichen Erkenntnissen untermauert. Zu der ganzen Theorie kommen im HowTo-Kapitel noch praktische Anleitungen und Tipps die dich perfekt dafür vorbereiten, dein Leben ein wenig umzugestalten und neue Gewohnheiten zu etablieren, sodass du dein Leben wieder mit voller Energie, Freude und Euphorie genießen kannst.

Cold Shower

Das Wort „ColdShower" kommt aus dem Jargon des Internets und der Biohacker und bedeutet eigentlich nichts anderes als **kalte Dusche**. In Biohacker- und „Self-improvement"-Kreisen ist es allgegenwärtig und jeder weiß etwas damit anzufangen. Ein großer Teil hat es schon selber ausprobiert oder praktiziert es regelmäßig. ColdShower ist berühmt und berüchtigt zugleich. Berühmt durch die starke Wirkung und Gefühlsverbesserung, die mit ihr einhergeht, berüchtigt jedoch, weil sie jedes Mal versucht, einen in die Knie zu zwingen, wenn man sich ihr stellt...

Exkurs : Hydrotherapie

In der Wissenschaft findet man in Bezug auf ColdShower eher den Begriff Hydrotherapie. Hydrotherapie steht nicht nur für kalte Duschen, sondern für die, in der Naturheilkunde geschätzte, heilende Wirkung des Wassers und alle Arten der Therapie mit Wasser. Darunter fallen unter anderem verschiedene Kombinationen von Bädern, Dämpfen, Wickeln mit Eis, Wasser und/oder Wasserdampf.

Die Geschichte der Hydrotherapie ist lang. Bei den antiken Ägyptern, den Hebräern, den antiken Griechen und den Römern spielte Wasser eine wichtige Rolle in religiösen Ritualen und in der Medizin. Wasser diente dazu, sowohl seinen Körper als auch seine Seele zu reinigen. Symbolisch gesehen wurden durch das Wasser die schlechten Gedanken weggewaschen. Die Römer bauten dazu z.B. ihre berühmten

Thermen die von der gesamten Bürgerschaft wöchentlich bis täglich besucht wurden. Die Idee der Thermen wurde in kleinerem Maße, in Form von kleinen Bädern, weitergeführt, bis Wasser im 15. Jahrhundert einen völlig anderen Ruf annahm. Wasser galt von da an als Überträger von Infektionskrankheiten. Obwohl man sich im 17. Jahrhundert diesem Gedanken wieder entfernt hat und erneut an die heilende Kraft von Wasser glaubte, wurde dieser Kraft nie wieder eine solch große Beachtung, wie zur Zeit der Römer und der Griechen, geschenkt. Auch heutzutage wird die Naturheilkunde von der Schulmedizin belächelt. Der Gedanke der Reinigung durch Wasser wird jedoch noch durch die Alternativmedizin und religiöse Bräuche wie z.B. die christliche Tradition der Taufe fortgetragen.

Dieser Exkurs zeigt, dass Wasser schon vor Jahrtausenden als Allheilmittel galt. Was davon nun wirklich stimmt, zeige ich dir jetzt.

Vorteile des kalten Duschens

Mittlerweile wurden viele Studien zu dem Thema durchgeführt, wie es sich auf den Körper auswirkt, sich kalten Bädern, kalten Duschen, etc. auszusetzen. Die Vorteile von ColdShower lassen sich in mehrere Kategorien aufteilen. Zum einen wären da die biologischen bzw. körperlichen Vorteile, zum anderen die Vorteile, die es auf das emotionale Wohlbefinden hat und die Vorteile bezogen auf das Verlassen seiner eigenen Komfortzone. Gehen wir diese Vorteile der Reihe nach durch.

Körperliche Vorteile

Mittlerweile wurden viele verschiedene, für den Körper vorteilhafte, Effekte durch die kalte Dusche festgestellt. Einige will ich dir hier vorstellen:

Haut und Haare

Viele Dermatologen und Wissenschaftler sind der Meinung, dass warmes/heißes Wasser aus der Dusche und dem Handwaschbecken unserer Haut und unseren Haaren nicht gut tut. Gerade bei Personen, die jeden Tag warm duschen, ist die Zusatzbelastung für den Körper enorm. Unsere Haut bildet nämlich einen Schutzfilm aus Fett auf der Haut aus, der uns vor z.B. der Besiedelung durch schädliche Bakterien schützt oder verhindert, dass unsere Poren durch Dreck verstopfen. Heißes Wasser schafft es, diesen Schutzfilm abzuwaschen, sodass wir nach einer heißen Dusche zwar kurzzeitig von Dreck befreit sind, unsere Poren danach aber noch viel anfälliger für Verstopfungen durch Umwelteinflüsse sind. Sich mit kaltem Wasser zu duschen verhindert, dass der Schutzfilm vollständig abgewaschen wird. Zusätzlich trocknet kaltes Wasser die Haut auch nicht so stark aus, wie es warmes Wasser tut [24]. Viele Personen, die über trockene und gereizte Haut klagen, könnten möglicherweise auf diverse Feuchtigkeitscremes verzichten, wenn sie anstatt warm, kalt duschen würden.

Viele „Kaltduscher" berichten außerdem von einem positiven Effekt auf die Haare. Sie sollen demnach mehr glänzen, gesünder und attraktiver aussehen und einen besseren Halt zur Kopfhaut aufweisen.

Herz-Kreislauf-System

Der Einfluss auf das Herz-Kreislauf-System ist einer der am meisten erforschten Einflüsse der kalten Dusche. Schon früh erkannte man, dass kalte Duschen den Blutdruck und den Puls anheben [1]. Dadurch wird die Durchblutung des ganzen Körpers verbessert. Als Reaktion auf die Kälte fangen die meisten Leute an, sehr schnell zu atmen. Es wird mehr Sauerstoff aufgenommen und durch die verbesserte Durchblutung wird der ganze Körper wieder mit viel Sauerstoff versorgt. Auch Sportler und deren Trainer haben diese Vorteile wahrgenommen. Bei vielen Sportlern beendet seit kurzem das Eisbad oder die Kühlbox die Trainingseinheit. Durch die erhöhte Durchblutung kommt es zu einer verbesserten Muskelregeneration nach den Trainingseinheiten, sodass sich die Sportler dann weniger Erschöpft fühlen [2]. Von der

Regenerationsbeschleunigung kannst auch du nach einer harten Trainingseinheit profitieren. Weiterhin entdeckten Forscher, dass es während einer kalten Dusche zu einer starken Ausschüttung von Dopamin und Noradrenalin kommt [3]. Im Folgenden mehr dazu.

Fettverbrennung

Es gibt zwei Arten von Fettgewebe. Das weiße Fettgewebe, welches dazu da ist, überschüssige Energie zu speichern. Das weiße Fettgewebe macht sich bei manchen Personen als Bauch- oder Hüftspeck bemerkbar.

Das zweite Fettgewebe ist das sogenannte braune Fettgewebe. Wissenschaftler fanden heraus, dass das braune Fettgewebe voller Mitochondrien („Kraftwerke" zur

Energieherstellung) ist. Daraus folgt, dass das braune Fettgewebe keine Energie/Fett speichert und zu Bauchspeck wird, sondern es das weiße Fett verbrennt, um Wärme herzustellen [4]. Die Aktivierung des braunen Fettgewebes geschieht durch den Neurotransmitter Noradrenalin. Und wann wird dieser unter anderem ausgeschüttet? Bei einer kalten Dusche!

Durch die kalten Duschen wird also die Fettverbrennung angeregt, ohne dass man eine lästige Diät macht. Außerdem wird durch eine regelmäßige Aktivierung des braunen Fettgewebes mehr dieses Fettgewebes produziert. Es arbeitet effizienter und hilft auch im Alltag bei der Herstellung von Wärme, sodass die Kälteresistenz im Alltag zunimmt.

Einfluss auf das emotionale Wohlbefinden

Das emotionale Wohlbefinden ist ein sehr weitreichendes und komplexes Thema. Es gibt nur begrenzt wissenschaftliche Arbeiten inwiefern ColdShower darauf Einfluss nimmt. Wer an einer schweren Depression leidet, dem können kalte Duschen für den Moment helfen, allerdings wird die Depression allein durch kalte Duschen (wahrscheinlich) nicht verschwinden. Wer an einer schweren Depression leidet, muss sich professionelle Hilfe suchen!

Wer jedoch wieder einen Kick in seinem Leben spüren will, neue Motivation, neue Energie und Unbeschwertheit spüren möchte, dem wird ColdShower helfen. Ich werde die Erkenntnisse der Wissenschaft und der Personen, die ColdShower praktizieren, aufzeigen, jedoch solltest du dir einfach selber ein Bild von der psychischen Wirkung machen.

Fokus, Motivation, Wahrnehmung

Dass eine kalte Dusche eine Wirkung auf die Wahrnehmung in den folgenden Minuten hat, ist jedem bewusst, denn das hat wahrscheinlich jeder schon selbst erfahren. Jeder, der sich z.B. im Freibad mit der kalten Dusche vor dem Schwimmen abgespült hat, kennt den Moment, in dem man, von der Kälte geschockt, an nichts anderes denken kann als an diesen Moment und das unangenehme Gefühl der Kälte. Die Gedanken im Kopf können so wild sie wollen im Kopf umher kreisen, wenn man die kalte Dusche spürt, sind sie alle weg. Und auch nachdem man die Dusche verlässt, fühlt sich der Kopf geordnet an. Die Gedanken behindern sich nicht mehr gegenseitig, sondern kommen einem wohlgeordnet nacheinander in den Kopf. Die kalte Dusche verhilft zu einem unglaublichen Fokus und zu einer einzigartigen Konzentration, die einige Minuten andauert.

Zusätzlich fühlt man eine ungeheure Motivation. Gerade, wenn man am Morgen kalt duscht, verändert sich die eigene Motivation von:

Ich….bin…müde,…..ich…..habe….keinen….bock….

zu

WHOA! WAS MACHE ICH ALS NÄCHSTES?

Wenn man dann in den Spiegel schaut, merkt man auch, dass sich die eigene Wahrnehmung komplett verändert hat. Man sieht weder den angeblichen Speckbauch, noch hat man irgendwelche anderen Selbstzweifel. Man denkt sich einfach nur was für eine geile Person da im Spiegel steht.

Depressionen

Wie eben erwähnt ändert sich die ganze Motivation und Wahrnehmung zum Positiven. Man hat wieder Energie und Lust, etwas zu machen und denkt dabei weder an schlechte Dinge noch fängt man an, sich selbst zu kritisieren. Situationen, die uns dank Social-Media sonst täglich widerfahren. Ich denke nur daran, wie man stundenlang vor Instagram und co. sitzt, und anstatt sein Leben auf die Reihe zu bekommen, vergleicht man sich mit den Ikonen des Social-Medias und fühlt sich dabei minderwertig. Meine depressiven Phasen, wenn man sie so nennen kann, entstanden immer dadurch, dass ich mich mit anderen verglich, mich dadurch minderwertig fühlte und eine neue depressive Episode anfing. Mit ColdShower änderte sich das. Es fühlte sich an, als hätte einfaches Wasser wirklich die Fähigkeit, die schlechten Gedanken wegzuwaschen, wie es die Erfinder der Hydrotherapie bereits wussten.

Doch zurück zur Wissenschaft. Eine Studie von 2008 zeigte, dass kalte Duschen die einmal oder zweimal täglich für 2 Monate durchgeführt wurden, tatsächlich eine Minderung der depressiven Symptome herbeiführte [5]. Vermutlich hängt das mit der starken Ausschüttung einiger Neurotransmitter zusammen und damit, dass durch sehr viele kälte Rezeptoren eine überwältigende Anzahl an Signalen an das Gehirn gesendet wird und das wiederum einen anti-depressiven Effekt haben soll [5]. Wie gesagt, sind die wissenschaftlichen Erkenntnisse nur sehr begrenzt. In Foren berichtet aber der überwiegende Teil der ColdShower-Fans von einer anti-depressiven Wirkung der kalten Dusche. Du solltest es einfach selber austesten.

Komfortzone

Der letzte Aspekt der ColdShower-Vorteile, ich nenne ihn den Aspekt der Komfortzone, beschreibt alle Dinge, die etwas mit Überwindung, Willensstärke und Disziplin zu tun haben.

Hier noch eine kleine Erläuterung für die, die nichts mit dem Begriff Komfortzone anfangen können: Die Komfortzone beschreibt einen gewissen Raum innerhalb einer Person, in dem sie sich sicher fühlt. Mit Freunden oder der Familie sprechen ist zum Beispiel Teil der Komfortzone, weil es etwas Gewöhnliches ist, wozu man sich nicht überwinden muss. In unserer heutigen Welt ist es jedoch möglich, sich sein Leben lang zurückzulegen und nur noch in der Komfortzone zu leben. Immer mehr Menschen nutzten dieses Privileg unseres Fortschrittes. Sie tun nichts mehr, was sie fordert oder sie Mut kostet. Das ist jedoch problematisch, weil das Verlassen der Komfortzone in der Regel zu einer Verbesserung der Lebensverhältnisse oder der Person an sich führt. Mit dem Vorgesetzten sprechen, fremde Leute kennenlernen und ähnliches, verlangen, dass man seine Komfortzone verlässt. Wenn man nun das Verlassen der Komfortzone meidet, dann wird das Leben in der Regel stagnieren und man kommt nicht vorwärts.

In die kalte Dusche zu springen und damit die Komfortzone zu verlassen, schult einen also für sein ganzes Leben. Irgendwann verfallen dadurch auch die Schwierigkeiten, seine Komfortzone in anderen Bereichen wie z.B. dem sozialen Bereich zu verlassen, sodass man nun wieder etwas wagen kann.

Selbst nach Monaten der kalten Dusche ist es immer noch die Disziplin und Willensstärke, die einen unter die kalte Dusche treiben. Es wird in der Regel keinen

Spaß machen, aber seine Willensstärke und Disziplin jeden Tag oder alle zwei Tage zu beweisen und zu stärken, ist eine ungemein wichtige und nützliche Sache. Sich zu der kalten Dusche zu zwingen, überträgt sich darauf, dass man sich beim nächsten Mal auch einfacher zu den Hausaufgaben, zum Putzen oder zur Meditation überwinden kann.

Effekte von ColdShower:

Hier noch einmal die Vorteile von ColdShower zusammengefasst:

- Schont Haut und Haare
- Fördert die Durchblutung des Körpers
- Verbrennt Fett und baut Kälteresistenz auf
- Verbessert d. Immunsystem
- Führt zu mehr Energie, Fokus, Motivation und mentaler Klarheit
- Lässt negative Gedanken verschwinden und kann Depression lindern
- Zwingt einen, seine Komfortzone zu verlassen
- Erhöht Disziplin und Selbstwertgefühl/Stolz

Meditation

Meditation gewinnt bei den Biohackern und in der Wissenschaft immer mehr an Interesse und Bedeutung. Alleinig in der Gesellschaft ist Meditation noch nicht angekommen. Wenn man seinen Freunden oder seiner Familie erzählt, dass man meditiere, wird man in den meisten Fällen eher belächelt.

„Meditation ist doch nur ein weiterer Esoterikquatsch wie Pendeln und Kaffesatzlesen" heißt es dann oft. Mit jeder durchgeführten wissenschaftlichen Studie wird jedoch mehr und mehr klar, dass Meditation zwar in der Esoterik angewendet, aber keineswegs unnütz ist. Sie ist ein starkes Mittel gegen Stress und Unruhe und ein ebenso starkes Mittel zur Förderung von Konzentration und

Intelligenz. Wichtig zu wissen ist, dass sich mittlerweile viele verschiedene Meditationstechniken gebildet haben, die zwar alle nach dem Grundprinzip der Meditation aufgebaut sind (-> HowTo-Kapitel), sich aber z.B. im Grad der Entspannung oder den angestrebten Gedanken während der Meditation unterscheiden. Die Effekte hingegen, unterscheiden sich nur kaum bis gar nicht, weshalb ich die Vorteile zusammenfassen werde. Auch hier werde ich die Vorteile in Kategorien aufteilen:

Effekt auf psychische Krankheiten

Auch die Meditation hat einen Einfluss auf psychische Krankheiten. Ein Studie mit 400 belgischen Schülern (Alter: 13-20J) zeigte z.B. einen Rückgang von depressiven Symptomen und auch eine länger anhaltende Resistenz gegenüber dieser Symptome [6]. Und auch bei Erkrankungen, die Angst- und Panikattacken auslösen, erwies sich Mediation als sehr hilfreich [7].

Die meisten und damit gefestigten Erkenntnisse liegen aber im Bereich der Auswirkung auf Stimmungsschwankungen und im Bereich der Stressresistenzen und Stressbewältigung. Mit vielen Erkrankungen geht gleichzeitig eine erhöhte Stressbelastung einher. Die Stressresistenz nimmt ab und schon „wenig" Stress führt zu einem Verzweifeln und zum Absacken der Stimmung und des Wohlbefindens. Meditation hilft dabei, resistenter gegenüber Stress zu sein und stabilisiert damit gleichzeitig die Stimmung, weil man sich durch den Stress nicht so herunterziehen lässt [8,9,10].

Effekt auf kognitive Fähigkeiten

Der Effekt auf die kognitiven Fähigkeiten ist, neben dem Aspekt der Stressbewältigung, der Hauptgrund, warum Biohacker so interessiert an der Meditation sind. Es ist davon die Rede, dass das Gehirn während der Mediation umgebaut wird und es sich dadurch stärkt und verbessert [11,12]. Erwiesen ist mittlerweile, dass man während und kurz nach der Meditation eine stark erhöhte Konzentrationsleistung und Aufmerksamkeit feststellen kann. Diese Fähigkeiten können laut Studien bis zu 10 Mal so stark, wie die nicht Meditierender, sein [13,14]. Meditation soll so wirksam sein, dass Forschungsprojekte dazu laufen, ob Meditation als vollständiger Ersatz für „Ritalin" bei an ADHS erkrankten Personen dienen kann.

Wer regelmäßig meditiert, dem fällt es leichter neue Dinge zu erlernen und sich an

Gelerntes oder Erfahrenes zurückzuerinnern. Das ist gerade für Schüler und Studenten interessant, aber auch Personen, die nicht mehr zur Schule gehen, können davon profitieren. Zusätzlich wird vermutet, dass Meditation auch die Kreativität erhöhen kann.

Zudem kann Meditation bei der Empfindung von körperlichem Schmerz, die Symptome stark lindern.

Das Gehirn sendet bei der Arbeit messbare Gehirnwellen aus. Wenn man diese erfasst, kann man die einzelnen Frequenzen in Kategorien aufteilen und jeder Frequenz einen Zustand des Gehirns zuschreiben. So sind Beta-Wellen (38-15 Hz) zum Beispiel messbar, wenn man ganz normal aufmerksam ist und z.B. nachdenkt. Den nächst niedrigeren Frequenzbereich beschreiben die Alpha-Wellen (14-8 Hz), welche bei z.B. einer geistigen Entspannung auftreten. Gamma-Wellen haben mit bis zu 100 Hz die höchste Frequenz und treten bei Höchstleistungen des Gehirns auf. Sie werden von dem Gehirn ausgesendet, wenn sich die Person sehr stark konzentriert und fokussiert. Eine Studie zeigt, dass bei Personen, die mit Meditation sehr erfahren sind, diese Gamma-Wellen bei der Meditation messbar sind. Meditieren ist also ein Hochleistungstraining für das Gehirn, wobei alle möglichen Synapsen in unglaublichen Geschwindigkeiten Kontakt miteinander aufnehmen und so ihre Verbindungen und Verknüpfungen stärken.

Wer sein Gehirn trainieren möchte, um das volle Potential auszuschöpfen, der sollte mit Meditation anfangen.

Effekt auf die Psyche und das Auftreten

Wer schon einmal jemanden getroffen hat oder jemanden kennt, dem die Esoterik sehr wichtig ist, weiß, dass diese Leute einem zwar ein wenig abgespaced vorkommen, die Personen aber immer eine unglaubliche Aura ausstrahlen, in der man sich ruhig, entspannt und sehr wohl fühlt. Das könnte hauptsächlich an der Meditation liegen, wie Studien zeigen.

Einerseits hat es wahrscheinlich etwas mit der dazugewonnen Stressresistenz zu tun, wodurch diese Personen deutlich gelassener durch das Leben gehen. Andererseits zeigte eine großangelegte Studie noch einige weitere Aspekte, die zu der eben genannten Aura führen können. Demnach führt die Meditation nicht nur zu Verbesserungen unserer kognitiven Leistungsfähigkeit, sondern verbessert auch, wie man es umgangssprachlich sagen würde, das Herz!

Damit ist die Rolle des Individuums in der Gesellschaft gemeint. Die Meditierenden zeigen eine überdurchschnittlich ausgeprägte soziale Kompetenz. Sie waren mehr mit der Gesellschaft verbunden [16] und auch Personen, die sich dauerhaft einsam gefühlt hatten, fühlten nach der Mediation ein starkes Gefühl der Zugehörigkeit zu der Gesellschaft [17]. Meditierende waren liebenswürdiger, zeigten mehr Güte und hatten mehr Mitgefühl und Empathie [15] als Personen, die nicht meditierten. Das durch den Buddhismus geprägte Wort „Achtsamkeit" beschreibt die Veränderungen sehr gut. Die Personen haben an Achtsamkeit gewonnen und wurden so zu Menschen, mit denen man gerne spricht, gerne Dinge unternimmt und gerne längerfristig Kontakt hat. Jeder kann, wenn er an sich arbeitet, eine ähnliche Aura aufbauen.

Effekte der Mediation:

Hier noch einmal die Vorteile der Mediation zusammengefasst:

- Lindert Angst und Stressgefühle
- Erhöht Stressresistenz
- Baut das Gehirn um
- Verbessert Aufmerksamkeit, Fokus, Gedächtnisleistung und Kreativität
- Baut Selbstwertgefühl auf
- Hilft einem, sich besser in die Gesellschaft einzugliedern
- Stärkt Einfühlungsvermögen
- Hilft bei der Entspannung

NoFap

Kommen wir zu meinem dritten Tipp für dein besseres Leben, **NoFap**. Dieser Tipp ist nicht universell anwendbar, sondern hat wahrscheinlich nur für Männer Bedeutung.

NoFap ist, wie ColdShower, ein eher neuartiger Trend in „Self-improvement"-Kreisen. Das Wort „Fap" kommt von der japanischen Hentai-Szene. Hentais sind quasi Pornos in der typischen Anime-/ Manga-Optik, gezeichnete Pornographie. In ihnen wird ein Geräusch, welches wie „Fap" klingt, als Soundeffekt für die Masturbation verwendet. (Wem das zu nichtssagend ist, der kann sich im World-Wide-Web innerhalb von ein paar Minuten ein „Video zur besseren Veranschaulichung" ansehen.) „No" bedeutet „nicht" oder „nein". Zusammen steht „NoFap" also für „nicht

Masturbieren". Aber warum ist das etwas was dein Leben verbessert, fragst du dich wahrscheinlich.

Biologische Hintergründe

Um das ganze Thema etwas näher zu beleuchten, fangen wir mit den biologischen Hintergründen an. Was ist der Sinn deines Lebens? Aus biologischer bzw. evolutionärer Sicht, wäre der Sinn deines Lebens, genauer gesagt deiner Existenz, nur der, dich fortzupflanzen. Deine Muskeln, deine Organe, deine Zellen etc. sind nur dazu da, dir zur ermöglichen, Nachkommen hervorzubringen.

Gerade Männer haben durch die Evolution verankerte Triebe, die verlangen, viel Sex mit vielen unterschiedlichen Frauen zu haben, um das Fortleben ihrer Gene zu sichern. Frauen hingegen sind in der Regel wählerischer, was Sexualpartner angeht. Sie suchen sich aus evolutionärer Sicht nur die „Alpha-Männer" heraus. Da Frauen diejenigen sind, die sich nicht unendlich oft fortpflanzen können, weil sie das Kind austragen müssen, suchen sie sich die stärksten Männer, sodass ihr Kind eine möglichst vorteilhafte und anderen überlegene Genkombination aufweist.

Aus gleichem Grund ist es in der Theorie und Praxis auch leichter einen Mann zum Orgasmus zu bringen. Der männliche Orgasmus ist nämlich eine Voraussetzung für die erfolgreiche Schwangerschaft und dem damit verbundenen Verbreiten seiner Gene, während der Orgasmus der Frau dafür nicht ausschlaggebend ist.

Auch wenn manche Sachen überspitzt dargestellt sind, hast du jetzt hoffentlich eine Vorstellung davon, welch hohe Priorität die Sexualität für einem Mann hat.

Dopamin-System

Um den Menschen nun am Leben zu erhalten, sodass er sich weiterhin fortpflanzen kann, gibt es ein ausgeklügeltes Motivationssystem in unserem Gehirn: das Dopamin-System. Dopamin wird ausgeschüttet, wenn du bzw. dein Körper etwas macht, dass laut deiner Instinkte oder deines Gehirns eine gute, lebenserhaltende Maßnahme ist. So ist die Nahrungsaufnahme zum Beispiel ein Prozess, bei dem große Mengen an Dopamin ausgeschüttet werden. Das ist auch der Grund, warum du Süßigkeiten so lecker findest. Dein Körper schüttet einfach eine Menge an Dopamin aus, wenn du sie isst.

In der Steinzeit und Altsteinzeit, aus der noch heute ersichtliche Triebe, Instinkte und auch das Dopamin-System stammen, gab es eine sehr, sehr viel kleinere Populationsdichte. Die Chancen, dass es zu einem Treffen zwischen zwei Sexualpartner kam, die zusammen ein Kind zeugen, war daher sehr gering. Es musste also einen Weg geben, die Wahrscheinlichkeit zu erhöhen, dass ein Mann und eine Frau sich treffen und sich fortpflanzen. Das geschah dadurch, dass man den Mann besonders stark dazu motiviert, sich auf die Suche nach einer Frau zu begeben. Das Dopamin-System entlud dazu riesige Mengen an Dopamin, wenn es zum Geschlechtsakt kam, sodass der Mann alles dafür tat, um möglichst schnell wieder ein so gutes Gefühl zu bekommen wie es ihm der Dopaminrausch gab. Er begab sich also sofort wieder auf die Suche nach einer neuen Frau. Dadurch stieg dann trotz der geringen Populationsdichte die Wahrscheinlichkeit sich fortzupflanzen.

Auch heutzutage löst der Geschlechtsverkehr immer noch die mit Abstand höchste Dopamin-Reaktion aus. In unserer heutigen Zeit gibt es nun aber einen Widerspruch, dem die Evolution noch hinterherhinkt. Zum einen hat die Populationsdichte massiv zugenommen, zum anderen gibt es FullHD- und VR-Pornos, auf welche man unbegrenzt und in Windeseile zugreifen kann, wenn man möchte. Auch wenn diese Pornos kein wahrer Geschlechtsverkehr sind, wirken sie so real, dass sie eine Dopaminausschüttung hervorrufen, wie es auch beim wahren Geschlechtsverkehr der Fall ist.

Die Probleme aus dem Internet

Noch bevor Jungs die ersten Erfahrungen mit Mädchen sammeln, haben die meisten schon Internetpornos entdeckt. Sie haben ihren Orgasmus auf irgendeinen Porno mit einer hübschen Darstellerin mit großen Brüsten und breitem Po, die von einem muskulösen Mann mit riesigem Penis „befriedigt" wird. Sie haben keine Ahnung was in dem Video geschieht, denken darüber auch gar nicht nach, sondern erfreuen sich nur an den überwältigenden Gefühlen und ihrem ersten Orgasmus. Am nächsten Abend tun sie es wieder, den darauffolgenden Tag vielleicht schon mehrmals am Tag. Nach und nach ist es eigentlich gar nicht mehr so erregend wie beim ersten Mal, aber irgendwie wurde es schon zur Gewohnheit, welche, wenn man sein Handeln nicht irgendwann hinterfragt, bis ins Alter weitergeführt wird. Auch wenn das nur ein Gedankenspiel ist, werden sich viele Männer/ Jungs darin in Stücken wiedererkennen und das ist fatal, denn die Folgen haben es in sich.

Durch möglicherweise fehlendes Engagement der Eltern bei der Aufklärung und eine eher minderwertige Aufklärungsarbeit an den Schulen denken die Jungs, dass das, was sie in den Pornos sehen, wahrer Sex ist. Sie denken sie müssten, wenn sie Sex hätten, die gleichen Techniken anwenden wie der Mann in dem Video. Pornos sind die einzige Aufklärungsquelle, die die Heranwachsenden haben und diese Quelle vermittelt ihnen Unwahrheiten.

In den jungen Personen entstehen absolut falsche Menschenbilder. Sie bekommen Minderwertigkeitskomplexe, weil sie denken, dass ein riesiger Penis und viele Muskeln zwingend notwendig sind, um

„gut" zu sein. Sie finden die Frauen, die sie im Alltag sehen, auf einmal nicht mehr interessant, weil sie nicht den perfekt geformten Körper haben, den sie aus ihrer Aufklärungsquelle kennen.

Die Masturbation zu Pornos wird zur Gewohnheit und gleichzeitig zur Sucht. Auf einmal hat man das Gefühl, man könnte nicht mehr einschlafen, wenn man davor nicht masturbiert hat. Die Selbstbefriedigung hat auf einmal nichts mehr mit Lust und Erregung zu tun, sondern wird aufgrund der Gewohnheit oder als Ablenkung von dem Stress und den schlechten Gefühlen des Alltags praktiziert. An schlechten Tagen kann es dann vorkommen, dass man seine Hand voller Wut und Aggression hin und her bewegt, um voller Verzweiflung einen Orgasmus zu erzwingen.

Warum die Masturbation alles noch schlimmer macht

An dem Punkt, wo man eine Sucht zu Pornographie entwickelt hat, spiegelt sich das im ganzen Leben wieder. Jeder neue Porno, jede neue Darstellerin bringt einen neuen „Dopaminpeak" („peak"= Spitze, Hochpunkt). Doch irgendwann ist das Gehirn von dem vielen Dopamin überfordert und überflutet. Die Rezeptoren, an denen Dopamin andockt, um seine Wirkung zu entfalten, stumpfen ab und es ist mehr Dopamin nötig, um eine gleichstarke Wirkung zu erzielen. Das Abstumpfen dieser Rezeptoren führt jedoch zu weiteren Problemen als nur einem weniger großartigen Orgasmus. Da Dopamin eines der wichtigsten Belohnungs- und Motivationshormone in unserem Körper ist, wird man durch das Abstumpfen der Rezeptoren zu einem lustlosen, motivationslosen Zombie. Die kleine Menge an Dopamin, die einen z.B. zum Trainieren motiviert hätte, wirkt dank der nun unsensiblen Rezeptoren fast gar nicht mehr. Der gesamte Alltag leidet dann darunter, dass man für nichts mehr Motivation hat. Ein Versuch mit Ratten zeigte, dass Ratten, die kein Dopamin mehr ausschütteten, sogar verhungerten, weil sie keine Motivation mehr hatten, aufzustehen und genug zu fressen [18]. Menschen verlieren einen kleinen Teil ihrer Motivation, ihrer Vorstellungskraft, ihrer eigenen sexuellen Fantasien, ihrer Bindung zur Gesellschaft u.v.m. mit jedem einzelnen Mal, wenn sie anstatt der sexuellen Lust, wegen der Gewohnheit oder Ablenkung, aus Verzweiflung masturbieren, während sie einen Porno schauen.

Was ist Lust?

Aus eigener Erfahrung und aus Berichten von anderen „Fapstronauten" (Anhänger der NoFap-Bewegung) lässt sich sagen, dass fast jeder Mann seine Lust erst wieder kennenlernen muss. Viele der Fapstronauten berichten davon, dass sie erst nach mehreren Wochen oder sogar Monaten der Abstinenz wieder erfuhren, wie sich ihre Lust anfühlt. Und selbst nach monatelanger Abstinenz merkt man, bei täglicher Selbstbefriedigung, schon nach drei-vier Tagen einen dramatischen Abfall der Lust. Wie NoFap funktioniert und wie man mit der Lust umgehen soll, erläutere ich im „HowTo-Kapitel".

Wissenschaft

Wissenschaftliche Erkenntnisse zu dem Thema gibt es nur stark begrenzt. Es wird vermutet, dass NoFap zu einer Erhöhung des Testosteronspiegels im Blut führen könnte. Zu dem unvergleichlichen Gefühl der Energie, Motivation und Euphorie im Alltag wurde noch keine Studie durchgeführt. Das liegt wahrscheinlich u.a. an der fehlenden Kontrolle über das Sexualeben der Probanden und daran, dass die Euphorie etc. eine nicht mess- oder erfassbare, subjektive Größe ist. Ich rate dir, es einfach selbst zu erfahren und dir dein eigenes Bild davon zu machen. Die Forschung an der Porno-Sucht ist jedoch ein aktuelles Thema. Auf der Seite https://www.yourbrainonporn.com/ werden aktuelle Berichte und Studien hochgeladen, sobald es welche gibt.

Vorteile von NoFap

Hier noch einmal die Vorteile von NoFap zusammengefasst:

- Ablegen der Sucht nach Pornographie
- Verbesserte Stimmung, mehr Energie und Euphorie im Alltag
- Eigene Lust und Fantasien (wieder-) entdecken
- Mehr Motivation
- „Reboot" -> seinen Körper und seine Psyche neustarten, Objektivität und verzerrtes Frauenbild ablegen

Sleep Hacking

SleepHacking ist die Methode der Biohacker, ihren Schlaf zu optimieren, um das Beste aus ihrem Schlaf herauszuholen. Es geht dabei nicht zwingend darum, einfach länger oder mehr zu schlafen, was ich trotzdem jedem Anfänger auf dem Gebiet anfangs empfehle, sondern eher den Schlaf und seine Zusammenhänge zu verstehen und in gleicher Schlafzeit besser zu regenerieren. Die Qualität soll verbessert werden, währende die Quantität gleich bleibt oder sich im besten Fall verringert. Du wirst wahrscheinlich denken, dass Schlaf das langweiligste Thema der vier ist. Außerdem glaubst du wahrscheinlich, dass du dir bewusst bist, wie wichtig Schlaf ist und dass du schon alles Wichtige weißt, was man beachten muss. Ich vermute jedoch, dass dein Schlafverhalten einem blutigen Anfänger entspricht und dass du viele Dinge gar nicht als so besonders wichtig erachtetest, weil du nicht denkst, dass sie einen so massiven Einfluss auf deinen Schlaf haben. Lerne die Vorteile und Wichtigkeit des Schlafens und des Drumherums kennen:

Schlaf = Augen zu und nichts tun?

Fangen wir mit dem Grundstein an: Was passiert eigentlich während des Schlafens? Es gibt viele Leute, die denken, Schlafen wäre nicht mehr als „Augen zu" und der Körper hört auf zu arbeiten. Wenn du das auch glaubst, lass mich dich aufklären. Schlaf ist nicht gleich Schlaf. Während des Schlafens durchläuft man mehrere Stadien in einem Kreislauf. Ein Kreislauf dauert ca. 90 Minuten und besteht aus vier Phasen. Die vier Phasen heißen: Einschlafphase (S1), Leichtschlafphase (S2), Mittlerer Schlaf/Übergangsphase (S3) und Tiefschlafphase (S4). Außerdem gibt es noch die REM-Phase. Während der ersten 3 Schlafphasen verlangsamen sich die Atmung und der Herzschlag, die Muskeln entspannen sich langsam und das Gehirn sendet seine Wellen in niedrigeren Frequenzen, was auf eine Verlangsamung der Gehirnaktivität hinweist. Der Körper geht fließend in eine stärkere Entspannung über und erholt sich dadurch leicht. Vermutlich dienen die ersten drei Phasen nur dem Übergang in die vierte, die Tiefschlafphase. In der Tiefschlafphase geschieht die wahre Erholung. Erst dann sind der Körper und das Gehirn maximal entspannt und die Regeneration, Entgiftung und das Wachstum findet statt. Nach der Tiefschlafphase folgt noch die REM-Phase („REM"- rapid eye movement – schnelle Bewegungen der Augen). Sie ist noch Teil intensiver Beobachtung und Forschung, um ihre genaue Funktion zu entschlüsseln. Bekannt ist mittlerweile, dass die Muskeln zwar noch maximal entspannt sind, das Gehirn jedoch schon wieder aktiv ist. Die REM-Phase ist die einzige Phase, in der wir träumen. Da Träume in der Regel etwas mit unseren Erlebnissen zu tun haben, lautet die

Hypothese, dass die REM-Phase zur Verarbeitung emotionaler Eindrücke diene.

Was geschieht denn nun während des Schlafens im Körper?

Der Schlaf ist noch Teil intensiver Forschungen. Einige Dinge sind jedoch schon erwiesen. Demnach soll Schlaf maßgeblich an Heilungsprozessen beteiligt sein. Eine Studie an Ratten wies nach, dass Schlafentzug negative Folgen auf die Wundheilung habe [19]. Außerdem führte Schlafentzug bei Ratten auch zu einer relevanten Reduzierung der weißen Blutkörperchen, welche ein wichtiger Teil der Immunabwehr sind [20]. Es zeigen sich zudem auch Hinweise darauf, dass während des Schlafes, Giftstoffe aus unserem Körper und, viel wichtiger, aus unserem Gehirn ausgeschwemmt werden [21].

Schlaf scheint jedoch nicht nur beim Abbau von potenziell schädlichen Substanzen eine Rolle zu spielen, sondern ist auch daran beteiligt, neues Gewebe aufzubauen. So wirkt Schlaf auch bei Wachstums-, Regenerations- und Entwicklungsprozessen mit. Es wird daran geforscht, warum Babys durch einem Mangel an Schlaf, z.B. psychische Probleme und Gehirnschwund erleiden. Das würde umgekehrt bedeuten, dass der Schlaf die Entwicklung im Kindesalter beeinflusst und könnte auch für Erwachsene noch von Bedeutung sein. Eine Erkenntnis, die Bodybuilder und Leistungssportler schon vor Jahrzehnten hatten, ist, dass sie viel schlafen müssen, wenn sie wollen, dass ihre Muskeln wachsen. Warum dies der Fall ist zeigen nun Studien, in denen gewisse Blutwerte von Kindern und Erwachsenen während des Schlafes gemessen wurden. Dabei stellte sich heraus, dass mit schlechtem Schlaf gleichzeitig eine Verminderung gewisser Hormone, die für das Wachstum und den Erhalt der Muskelmasse wichtig sind, einherging [22]. Schlaf ist demnach wichtig, um Muskeln aufzubauen und um Muskelmasse zu erhalten. Eine Wirkung des Schlafes, die einige selbst schon erlebt haben, ist der Einfluss auf das Gedächtnis. Das Gedächtnis wird gereinigt und gefestigt zugleich. Überflüssige Gedanken werden gelöscht, Dinge die man sich am Abend vor dem Schlafgehen einprägt, wie z.B. Vokabeln etc. werden über Nacht fest im Gedächtnis verankert. Letztlich gibt es auch Verbindungen zwischen dem Schlaf und der Psyche. So zeigt sich zum Beispiel, dass ein Mangel an Schlaf zu permanenten psychischen Krankheiten führen kann [23].

Die Rolle des Bettes

Die Rolle des Bettes ist eine sehr wichtige. Auch wenn unsere Vorfahren keine High-Tech-Matratze, Lattenrost etc. hatten und trotzdem geschlafen haben, sollten wir unseren Fortschritt in Technik und Wissenschaft schon für uns spielen lassen und das Beste aus unserem Bett herausholen. Wer nicht gut schläft, der ist nicht gesund und der kann auch nicht glücklich oder produktiv sein. Da wir im Durchschnitt 1/3 unserer Lebenszeit im Bett verbringen und der Schlaf essentiell dafür ist, wie leistungsfähig wir sind und somit auch wie viel Geld wir verdienen, wäre es doch nur fair, wenn wir auch 1/3 unseres Gehaltes in unseren Schlaf investieren oder? Dazu gehört ein gutes Bettgestell, ein guter Lattenrost, eine gute Matratze, ein Kissen, das nur so groß ist, dass es unsere Wirbelsäule nicht abknickt und eine Decke, die für die jeweilige Raumtemperatur angemessen ist. Leg dir am besten immer ein wenig Geld beiseite und wenn du ein wenig angespart hast, sprich mit einer Fachperson für Betten und Matratzen.

Wichtig ist auch die Rolle deines Bettes in deinem Leben. Im Optimalfall solltest du dein Bett nur für zwei Dinge nutzen:

Schlaf & Sex

Außerdem sollten sämtliche Reize, die dich vom Schlafen abhalten, eine möglichst große Entfernung zu deinem Bett haben. Das heißt Telefone, Fernseher etc. weit weg! Wenn dein Bett neben dem Schlaf auch dazu dient, am Handy herumzufummeln, Fernseher zu schauen oder an Konsolen zu spielen, dann wirst du am Abend, wenn du ins Bett gehst, nie zur Ruhe kommen. Dann assoziierst du mit deinem Bett nämlich nicht ausschließlich Ruhe, sondern auch deinen Alltag mit allen Dingen, die du sonst tust, während du wach bist. Verändere deinen Lebensstil dahingehend, dass du im Bett nur schläfst oder Sex hast. Andernfalls ist dein Bett kein Ort der völligen Erholung und du wirst nicht zu 100% erholt aufwachen.

Faktoren, die deinen Schlaf beeinflussen

Jeder weiß, dass man vor dem Schlafengehen keinen Kaffee oder Energy-Drink konsumieren sollte. Aber wusstest du, dass sogar ein Kaffee, den du um 14 Uhr trinkst, deine Schlafqualität mindern könnte? Abgesehen von Koffein und anderen Stimulanzien gibt es jedoch weitere Einflussfaktoren.

Der wichtigste Faktor im Zusammenhang mit Schlaf ist **Licht**.
Zu der Zeit, als sich unsere komplexen innerkörperlichen Systeme, Gleichgewichte etc. ausbildeten, gab es noch keine künstliche Beleuchtung. Der Mensch war angewiesen auf das Sonnenlicht als seine einzige Lichtquelle. Sein Schlaf wurde, wie heute auch noch, durch das Hormon Melatonin eingeleitet. Melatonin wird freigesetzt, wenn die Lichtintensität einen

bestimmten Punkt erreicht bzw. unterschritten hat. Damals wurde Melatonin während des Sonnenuntergangs ausgeschüttet, sodass der Mensch schlief, wenn es dunkel war. Sobald die Sonne wieder aufging, stoppte die Melatoninproduktion und der Mensch wurde wieder wach. Zusätzlich spielt auch das Lichtspektrum eine wichtige Rolle. Blaues Licht, wie es während der Mittagstunden vorkommt, hemmt die Melatoninproduktion sehr stark, während rotes Licht, was am Abend und am Morgen vorkommt, die Melatoninproduktion nur leicht einschränkt.

In der Zeit der „Lichtverschmutzung", wo es zu keinem Zeitpunkt mehr vollständig dunkel ist, weil durch dauerhaft leuchtende Werbetafeln oder durch Schichtarbeiter, die nachts Licht brauchen, immer irgendwo Licht scheint, ist unser empfindliches

Melatonin-System gestört. Fernseher-, Handy und Computerlicht senden sehr intensives Licht mit blauem Lichtspektrum aus. Wer abends noch seine elektrischen Geräte nutzt, dem wird vorgegaukelt, es sei noch helllichter Tag. Innerhalb von wenigen Minuten von helllichtem Tag zu dunkler Nacht überzugehen, funktioniert in der Natur nicht. Demnach ist die Melatoninproduktion auch kein schneller Prozess. Es wird eine Weile dauern, bis genug Melatonin produziert ist, sodass die Person einschläft bzw. in die nächsten Schlafphasen übergeht, die alle vom Melatoninspiegel abhängig sind. In der Theorie sollte man, wenn man in sein Bett steigt, schon so viel Melatonin produziert haben, dass man innerhalb weniger Minuten in die ersten Schlafphasen übergeht.

Weitere Faktoren, die die Schlafqualität mindern, sind zum Beispiel laute Geräusche.

Vor 50 000 Jahren war es in der Nacht ruhig und Ruhe war sehr wichtig. Jedes kleine Geräusch hätte ein wildes Tier sein können, welches sich gerade heranschleicht und eine Bedrohung für das eigene Leben darstellt. Daher war jedes kleine Geräusch ein Grund, um den Schlaf zu unterbrechen. Laute Geräusche wie Flugzeuge, Autos oder Fernsehergeräusche haben deshalb auch einen schlechten Einfluss auf den Schlaf.

Weiterhin solltest du darauf achten, keine Dinge mehr zu tun, die dich beunruhigen. Zum einen solltest du auf spannende, nervenaufreibende Filme etc. verzichten und auch Sport sollte, wenn möglich nicht gegen Abend gemacht werden. Niemand kann sich entspannen, wenn sein Herz gerade vor Aufregung oder Anstrengung auf Hochtouren gepumpt hat.

Routine und Zeit zum Schlafen und Aufstehen

Der berühmt-berüchtigte Montagmorgen, gefühlt jeder hasst ihn und jeder fühlt sich an ihm, als würde er gerade zu Grabe laufen. Ich hasse ihn nicht und auch 99% der „Sleephacker" hassen ihn nicht. Das liegt einerseits daran, dass wir uns darauf freuen, was am Tag passieren wird, weil wir Spaß an unserer Arbeitswoche haben. Viel wichtiger ist jedoch, dass wir die Relevanz der Schlafroutine kennen.

Zu Zeiten unserer Vorfahren, in der sich unserer Körper entwickelt und an das Leben angepasst hat, war wie eben erwähnt die Schlafenszeit durch die Sonne vorgegeben. Sie ging immer um die gleiche Zeit auf und um die gleiche Zeit unter. Wäre unser Schlaf nicht perfekt an diese Bedingungen angepasst, hätten wir nicht optimal regenerieren können und unsere Rasse wäre ausgestorben. Wir Menschen sind also an eine bestimmte Schlafens- und Aufstehzeit und an einen bestimmten Rhythmus angepasst.

Warum fühlt man sich nach dem „Ausschlafen" am Wochenende am Montagmorgen trotzdem nicht erholt? Das liegt an zwei Dingen. Zum einen, weil der Körper sich in zwei Nächten (Fr.-Sa. & Sa.-So.) schon an den neuen Schlafrhythmus gewöhnt hat, der bei den meisten lautet: von 00:00-10:00 Uhr schlafen. Der Körper hat beim Aufstehen am Montagmorgen die Erwartung, noch ein paar Stunden schlafen zu können, weil der Rhythmus sich nun verändert hat bzw. er sich durch späteres Schlafengehen und Aufstehen nach hinten verschoben hat. Das spätere Schlafengehen führt jedoch noch zur zweiten Folge, die vielleicht noch viel ausschlaggebender ist.

Erkenntnisse zeigen, dass die Zeit, in der die wirkliche Erholung während des Schlafes stattfindet, von 22:00-02:00 Uhr ist. Das ist in unserer eigenen inneren Uhr festgelegt und abhängig von Sonnenuntergang und Sonnenaufgang. 22:00-02:00 Uhr ist jedoch eine Merkregel, die bei jedem ungefähr stimmt. Wer nicht um 22:00 Uhr schon in der dritten oder vierten Schlafphase ist, dem entgehen wertvolle Minuten, sogar Stunden der „money-time", der Zeit, in der am meisten und besten regeneriert wird. Dadurch, dass der überwiegende Teil am Wochenende zwar länger (gemessen an der Zeit) schläft, aber dafür länger wach bleibt, ist die Erholung und Regeneration, die die Person durch den Schlaf am Wochenende bekommt, schlechter als die, die in der Woche erreicht wird. Um den Montagmorgen also zu verbessern, gilt es einen gleichen einheitlichen Schlafrhythmus (immer gleiche Schlafens- und Aufstehzeit) über die Woche zu erhalten und auf jeden Fall vor 22:00 im Bett zu liegen. Wer innerhalb der Woche nach 22:00 Uhr ins Bett geht oder seinen Rhythmus verändert, der sollte das schleunigst verbessern.

Effekte durch SleepHacking:

Hier noch einmal die Vorteile von SleepHacking zusammengefasst:

- Besserer Schlaf!
- Verbesserte Regeneration und Wundheilung
- Gefühl der vollständigen Erholung
- Verbesserte Wachstums-und Erhaltungsprozesse
- Mehr Energie, Leistung und Klarheit
- Bessere Konzentration
- Bessere Stimmung
- Verbesserte Schlafqualität
  -> weniger Zeit wird für Schlafen benötigt

Motivation

Wir haben die vier Schritte nun genauer beleuchtet, bevor wir jedoch dazu kommen, wie du die Schritte in deinen Alltag integrierst und ich dir noch ein paar Hinweise und Ratschläge zu jedem dieser Schritte gebe, gibt es noch ein wichtiges Thema zu besprechen: **Motivation**.

Motivation ist eine schöne Sache. Motivation fühlt sich an wie Lust oder Vorfreude auf etwas zu haben. Aber jeder, der sich einmal mit voller Motivation auf einen Aspekt in seinem Leben gestürzt hat, wie z.B. auf Sport, auf Karriere oder etwas anderes, der hat sicherlich gemerkt, dass die Motivation nach einer gewissen Zeit, nach und nach immer weiter nachließ. Wenn Motivation vorhanden ist, dann ist das wahnsinnig gut, denn dann gehen auch lästige Arbeiten ohne Anstrengung und ohne schlechte Gefühle vonstatten. Wenn die Motivation, auf die man sich verlassen hat, jedoch schwindet, sitzt man auf einmal ziemlich in der Klemme. Alle Ziele, die man sich gesetzt hat, liegen dann in weiter Ferne und man wird sie in der Regel nicht mehr erreichen, weil die anfängliche Motivation das Einzige war, was einen angetrieben hat. Um das zu verhindern, gebe ich dir einen Ratschlag:

Fuck Motivation ! What you need is discipline.

Vergiss Motivation, was du brauchst ist Disziplin.
Lass dein Zugpferd nicht etwas Unberechenbares sein. Es gibt Zeiten, da ist

dein Zugpferd (die Motivation) zwar das schnellste von allen, doch jedes schnelle Rennpferd ist auch schnell ausgebrannt. Ändere dein Zugpferd zur Disziplin, lass dich von deiner Disziplin tragen und lass die Disziplin die Motivation vollständig ersetzten. Sehe die Motivation als zusätzliches Momentum bzw. als zusätzlichen Wind in den Segeln. Sie dient dir als Ergänzung zu der ohnehin schon funktionierenden Disziplin. Hauptsache, du machst dich nicht von ihr abhängig.

Das Besondere an der Disziplin ist, dass sie etwas wie eine Fähigkeit oder ein Muskel ist, den du trainieren kannst. Es ist zwar harte Arbeit, ihn zu trainieren, aber wenn du diese Arbeit auf dich nimmst, dann zahlt es sich schon nach kurzer Zeit aus. Die Disziplin wirkt nämlich in jeglichen Lebensbereichen. Die Motivation, z.B. Karriere zu machen, hilft dir kein Stück weiter, dich unter die kalte

Dusche zu trauen oder deine Wohnung aufzuräumen. Die Motivation beschränkt sich auf den einen Lebensaspekt und auf die eine Zeit. Disziplin ist allgegenwärtig und wenn man sie trainiert, ist sie zeitlich unbegrenzt. Zu Aktivitäten wie Putzen oder seine Pflichten zu erfüllen hat man in der Regel sowieso nie Motivation, die Disziplin lässt dich sie trotzdem erledigen.

Alle Säulen, die ich dir vorgestellt habe, stärken deine Disziplin. Manche stärken deine Disziplin, etwas zu tun, was du nicht willst, andere deine Disziplin dazu, etwas nicht zu tun, was du willst. Wichtig ist, dass du alle Säulen nutzt, um deine Disziplin auf allen Wegen zu stärken.

HowTo

In dem vorletzten Kapitel gehe in noch einmal auf die vier Säulen, die dich zu mehr Energie, Disziplin und Euphorie führen, ein. Ich werde dir zu jeder Säule eine genaue Anleitung geben, der du folgen kannst. Zusätzlich gebe ich dir noch ein paar Tipps an die Hand, die dir die einzelnen Schritte erleichtern werden.

ColdShower

Alle vier Säulen stellen unterschiedliche Herausforderungen an dich. ColdShower zeichnet sich dadurch aus, zuerst wahre Disziplin zu zeigen und in die kalte Dusche zu springen und danach eisernes Durchhaltevermögen zu zeigen, um nicht sofort wieder herauszuspringen.

Im Endeffekt ist ColdShower, abgesehen von der mentalen Herausforderung, die es in sich hat, ziemlich einfach. Das einzige, was du machen musst, ist kalt duschen. Und das regelmäßig. ColdShower kannst du nach Belieben einsetzen. Für einen bestimmten Zeitraum jeden Morgen, einmal in der Woche oder in einem beliebig anderen Intervall, das ist dir selbst überlassen. Meine Empfehlung ist es, eine kalte Dusche in eine Art Morgenroutine einzubauen, denn der Effekt auf die mentale Klarheit und Wachheit ist gerade dann von Vorteil. Vor dem Schlafengehen kalt zu duschen ist sowieso schlecht, denn wie gesagt, du sollst am Abend herunterkommen und nicht noch einmal durch etwas wie eine kalte Dusche aufdrehen, sonst kommst du nämlich nie zur Ruhe.

Folgende Regeln solltest du einhalten:

- Dusche so kalt wie möglich!
- Dusche min. 3 Minuten!
- Weder am Anfang noch am Ende noch zwischendurch die Dusche wieder warm drehen!
- Nicht am Abend duschen!
- Drehe dich regelmäßig, sodass jede Stelle deines Körpers mehrmals das kalte Wasser spürt!

- Sofort den ganzen Körper mit dem kalten Wasser konfrontieren, d.h. nicht erst Arme, dann Beine, sondern sofort alles gleichzeitig

Ich kann dir nur noch folgende Tipps geben:

- Mit Musik macht es mehr Spaß
- Nicht lange überlegen, sondern einfach rein da
- Wenn du deine Atmung kontrollierst dann ist es viel weniger Schlimm
- Glaub an dich und halte es durch

NoFap

NoFap kennzeichnet dadurch, dass man die Disziplin nicht dafür aufbringt etwas zu tun, sondern etwas, was für den Menschen von so hoher Priorität ist, nicht zu tun. Für die meisten Männer wird das wahrscheinlich die schwerste Herausforderung sein. Im Grunde gibt es mehrere Ansätze von NoFap. Einerseits geht es darum, die Sucht nach Pornographie abzulegen, andererseits ist auch die Wiedergewinnung der Lust/Fantasie mit der Rehabilitation der Dopamin-Rezeptoren wichtig. Der Ansatz von NoFap besteht erst einmal darin, 30 Tage keinen Orgasmus zu haben und sich zu keinem Zeitpunkt pornographische Inhalte anzusehen. Das ist die grundlegende Aufgabe/Idee der NoFap Bewegung. Weiterhin gibt es das „Reeboot"-Programm, in dem das Ganze für mindestens 90 Tage aufrechterhalten werden soll, um alle

Dopamin-Rezeptoren wieder zu normalisieren. Halte dich am besten an diese 30-Tage- bzw. 90-Tage-Regel und beachte Folgendes:

- Habe keinen Orgasmus!
- Halte dich von Pornographie fern!

Klingt einfach, unterschätze es jedoch nicht. Ich kann dir noch folgende Tipps geben, die du dringendst beachten solltest, weil du NoFap sonst wahrscheinlich nicht durchhalten kannst:

- Berühre deine erogenen Zonen nicht!
- Halte dich von erregenden Bildern auf Instagram und co. fern!
- Fasse dein erogenen Zonen nicht an!

Glaube mir, wenn du diese Tipps nicht beachtest, wirst du früher oder später

NoFap brechen! Wenn du eine dieser NoFap-Herausforderungen bestehst, dann empfehle ich dir gar nicht erst wieder mit Pornos anzufangen, sondern sie einfach ein für alle Mal sein zu lassen. Außerdem wirst du dann auch verstehen und fühlen können, was ich mit der verlorengegangenen Lust beim täglichen Masturbieren meine. Führ deine Abstinenz in kleinen Zeitabschnitten weiter, um dich weiterhin gut zu fühlen.

Meditation

Mediation ist besonders, da es die Säule ist, zu der man sich immer wieder zwingen muss, die aber nicht aufregend, so wie die kalte Dusche, sondern beruhigend ist. Da Meditation eine spirituelle, religiöse Praxis war, haben sich durch verschiedene Religionen und verschiedene Meditationsziele auch unterschiedliche Arten der Meditation entwickelt. Ich stelle dir die einfachste aber zugleich wirksamste Meditationsart vor. Dazu befolge diese Schritte:

1. Stelle dir einen Wecker auf 5 Minuten
2. Setze dich bequem hin, vorzüglich in den Schneidersitz
3. Lege deine Arm so ab, dass sie auch in einer entspannten Haltung sind

4. Achte darauf, dass deine Wirbelsäule gerade ist und schließe dann die Augen

5. Achte auf deine Atmung. Atme bewusst ein und aus und versuche deinen Atem zu entspannen. Mit jedem Atemzug, den du wieder ausatmest, falle in eine tiefere körperliche Entspannung

6. Wenn du dich maximal entspannt fühlst, kannst du deinen Fokus auf die Gedanken, die dir in den Sinn kommen, richten. Lass sie wie Wolken vorbeischweben. Betrachte jeden einzelnen Gedanken, aber versteif dich nicht auf einen. Wenn du merkst, dass deine Entspannung nachlässt und deine Gedanken wieder zu einem ganz normalen Nachdenken übergehen, fokussiere dich wieder auf

die Atmung bis du wieder maximal entspannt bist

7. Beende die Meditation, wenn deine Stoppuhr klingelt. Spring jedoch nicht auf, um sie auszumachen, sondern genieße das Gefühl des „Erwachens"

Du wirst dich danach sehr entspannt, geordnet und klar fühlen. Genieße diesen Augenblick.
Wenn du zu Anfang nicht weißt, was du machen sollst, oder du dich selber nervös machst, indem du überlegst, was als Nächstes kommt, dann suche im Internet nach einer geführten Meditation. Geführte Meditationen sind Tonaufnahmen von Personen, die dich während deiner Meditation begleiten und dir helfen dich zu entspannen. Meditation solltest du

regelmäßig praktizieren. Am besten wäre es, wenn du täglich 5-15 Minuten meditierst. Zusätzlich dazu solltest du die Meditation an sehr stressigen Tagen nutzen um dich wieder zu bremsen und dir neue Energie und Kraft aus der Meditation holen.

Sleep Hacking

Sleep Hacking zeichnet sich dadurch aus, dass es für jeden etwas Alltägliches ist, doch die Rolle des Schlafes falsch eingeschätzt wird und die meisten Menschen das Schlafen quasi wieder neu lernen müssen. Die Störfaktoren, auf die geachtet werden sollte, sind Licht, Aufregung und Ablenkung. Folgende Dinge solltest du fortan beachten:

- Verhindere alle Lichtquellen vor dem Schlafengehen oder ersetze sie, wenn zwingend notwendig, durch Kerzen!
  → Putze deine Zähne z.B. im Dunkeln!
- Schlafe in einem dunklen und leisen Raum!
- Verhindere blaues Licht!
  → Brille, die blaues Licht herausfiltert oder Blaulichtfilterapps für Smartphone und co.

- Lege dir einen Stift und Papier in die Nähe deines Bettes, sodass du wichtige Dinge, die dir durch den Kopf rasen, aufschreiben kannst
- Nutze dein Bett nur zum Schlafen!
- Vermeide Stimulanzien wie z.B. Koffein nach 14 Uhr!
- Setzte dich am Tag so viel Sonnenlicht aus, wie möglich
- Verhindere jegliche Aufregung und emotionale Belastung vor dem Schlafen!

  → abends kein Sport, kein Horrorfilm, keine emot. Probleme ansprechen
- Lege mindestens eine Stunde vor dem Schlafen deine elektrischen Geräte weg!
- „Money-time" von 22:00-02:00 so oft wie möglich ausnutzen!
- Einheitlichen Schlafrhythmus auch an Wochenenden aufrechterhalten!

Am nächsten Abend musst du wahre Willensstärke zeigen. Überwinde dich dazu, dein Smartphone wegzulegen und den Fernseher auszumachen. Anstelle dessen solltest du lieber meditieren oder bei Kerzenlicht ein Buch lesen. Du wirst merken, dass du von ganz allein müder wirst und kannst dadurch früher als sonst ins Bett gehen. Auch wenn es dir anfangs schwer fallen wird, sind diese Veränderungen ein Tool, das dir dein ganzes Leben lang helfen wird.

Alles kombinieren

Alle Säulen können und sollten von dir alleinstehend beachtet, praktiziert und ausprobiert werden.

Für den Anfang empfehle ich dir jedoch den „Höllenmonat". Der klingt zwar brutal und nach wenig Spaß und das ist er auch, aber du wirst schon nach wenigen Tagen, möglicherweise sogar schon am ersten Tag merken, wofür du die ganzen Herausforderungen auf dich nimmst. Beim „Höllenmonat" führst du alle vier Säulen zusammen. Jeden Tag des Monats sollst du eine kalte Dusche nehmen, für mindestens 5 Minuten meditieren, keinen Orgasmus haben und die Tipps zum Schlaf beachten. Das ist jedoch nur meine Empfehlung, sodass du die Vorteile der vier Säulen wirklich einmal in voller Kraft spüren kannst und merkst, wie mächtig und wirkungsvoll sie sind. Du kannst dir aber auch deinen völlig individuellen Plan erstellen, einzelne Säulen kombinieren und die anderen weglassen. Achte jedoch darauf, ob du eine Säule vernachlässigst, weil sie dir nichts bringt oder ob du lediglich keine Lust auf die Herausforderung hast, die die jeweilige Säule an dich stellt. Du kannst auch die Zeiträume des Höllenmonats verändern, sodass aus einem Höllenmonat nur eine Höllenwoche oder sogar ein Höllenjahr wird. Die Verbesserung deines Schlafes ist zum Beispiel eine Säule, bei der ich dir anrate sie nicht auf einen Zeitraum zu begrenzen, sondern sie dauerhaft zu beachten. Ich glaube NoFap hingegen kann, aber muss man nicht sein Leben lang durchhalten.

Der Höllenmonat ist, egal wie viel Erfahrung du mit den jeweiligen Säulen oder anderen Challenges hast, IMMER eine Herausforderung. Weil man sich daran nur beschränkt gewöhnen kann, wird es auch immer eine Herausforderung bleiben.

Misserfolg

Der Höllenmonat und jede Höllenwoche ist eine Herausforderung. Wir Menschen sind keine Maschinen, sondern haben von Tag zu Tag ändernde Gefühle, unterschiedliche Tagesformen oder werden in bestimmten Zeiträumen durch Einflüsse wie Krankheiten, soziale oder berufliche Probleme und vieles mehr geschwächt. Aufgrund der vielen Variablen, die einen als Person mal erheben und aufbauen aber auch schwächen und herunterziehen können, ist es oft schwer, seinem Ziel im Leben, so z.B. auch einem Höllenmonat, gerecht zu werden und es ohne Fehler oder Ausrutscher zu erreichen.

Im Internet hat sich nach und nach eine große NoFap-Szene gebildet. In einschlägigen Foren liest man tausende Forenbeiträge mit Erfolgsgeschichten,

Leuten, die ihre Porno-Sucht sofort in den Griff bekamen oder Männern, die von einer Porno-Sucht, einfach mal 30 oder 90 Tage NoFap durchstehen, als wäre es nichts. Es mag durchaus Personen geben, die das geschafft haben, so wie es Leute gibt, die vom einen auf den anderen Tag ihre schwere Rauschmittel-/ Drogensucht ablegen. Das ist aber nur ein minimaler Prozentsatz und der überwiegende Teil wird erst mehrmals scheitern, bevor er Gleiches schafft. Gedanken wie „Du hast doch schon so lange durchgehalten" oder „Diese Challenge macht doch sowieso keinen Sinn" werden dir in schwierigen Momenten durch den Kopf gehen. Hör nicht auf diese Gedanken, sondern fokussiere dich auf den einen von 1000 Gedanken, der dir sagt, du sollst diesen verdammten Höllenmonat durchhalten! Um noch einmal zum Anfang zurückzukehren: Wir sind Menschen und

Menschen machen Fehler. Wichtig ist jedoch, wie du mit den Fehlern, die du machst, mit den Misserfolgen, die dir widerfahren und mit dem Nichterreichen eines Zieles umgehst.

Dir muss klar sein, dass jeder, der die Herausforderung von NoFap, ColdShower oder sogar des Höllenmonats auf sich nimmt, irgendwann scheitern wird. Der Misserfolg und das Scheitern sind in Ordnung. Wenn du nach dem Scheitern den Kopf in den Sand steckst und womöglich die ganze Challenge abbrichst, dann ist erst der Moment gekommen, wo du einen wirklichen Fehler machst. Wenn du das Buch bis hier gelesen hast, dann zeigt das, dass du Lust hast, dein Leben zu verändern und zu verbessern. Dass du mal scheiterst, zeigt nur, dass du dich mehr getraut hast als alle anderen um dich herum. Sei darauf stolz!

Meine Tipps, falls du bei einem Höllenmonat scheitern solltest:

- Brich die Challenge nicht ab, sondern mach sie weiter wie davor auch!
- Fang klein an und steigere dich!
  → Höllenwoche,
  1/2 Höllenmonat, Höllenmonat
- Erzähle einem Vertrauten von deinem Plan und erzähle ihm auch, wenn du scheiterst!
- Suche dir eine Person, mit der du zusammen einen Höllenmonat durchstehst!
- Überlege dir ein Belohnungssystem, mit dem du dich für jeden erfolgreichen Tag belohnst!
- Verurteile dich nicht selber für einen Fehler und denk nicht lange über ihn nach! Schaue in die Zukunft!

Schlusswort

Zum Schluss möchte ich mich bei dir für dein Vertrauen bedanken. Es ist mir eine Ehre, dass du mir ein Stück deines Vertrauens schenkst, sodass ich dir mit meinem Buch helfen kann. Der Kauf des Buches und der Fakt, dass du es bis hier gelesen hast, zeigen, dass in dir der Wille steckt, wieder mehr Spaß, Freude, Energie etc. zu haben. Ich habe dir das Handwerkszeug dazu gegeben und nun bist du an der Reihe. Du entscheidest, ob du es ausprobierst oder sein lässt, du hast dein Glück nun wieder selbst in der Hand. Ich wünsche dir viel Erfolg auf deinem Weg.

Einen Dank möchte ich zum Schluss noch meiner Familie aussprechen. Ich bedanke mich für euer Verständnis und eure Rücksichtnahme auf meine Ideale und

Wahrheiten, besonderen Dank möchte ich jedoch dafür aussprechen, dass ihr mir immer zugehört habt, wenn ich euch eine meiner neuen Erkenntnisse mitgeteilt habe und dafür, dass ihr meine Ratschläge nie umgesetzt habt. Nur so wuchs der Wunsch in mir, mein Wissen an Personen weiterzugeben, die etwas damit anfangen können bzw. wollen. Außerdem möchte ich meinem besten Freund Jason danken, ohne den dieses Buch auch nicht entstanden wäre. Denn nur durch unseren Höllenmonat wurde mir klar, welch grandiose positive Effekte die vier Säulen haben und dass ich nicht der einzige bin, der dies spürt.

Quellen

[1] – **Cardiovascular responses to ice-cold showers**
By William R. Keatinge, Malcolm B. McIlroy, Alan Goldfien,
Published at: Journal of Applied Physiology, Published 1 November 1964
http://jap.physiology.org/content/19/6/1145.short

[2] – **Functional brown adipose tissue in healthy adults**
By Virtanen KA, Lidell ME, Orava J, Heglind M, Westergren R, Niemi T, Taittonen M, Laine J, Savisto NJ, Enerbäck S, Nuutila P
Published at: New England Journal of Medicine, 2009 Sep 10; 361(11):1123.
https://www.ncbi.nlm.nih.gov/pubmed/19357407

[3] – **Scientific Evidence-Based Effects of Hydrotherapy on Various Systems of the Body**
By A Mooventhan and L Nivethitha
Published at: N Am J Med Sci. 2014 May; 6(5): 199–209.
https://www.ncbi.nlm.nih.gov/pmc/articles/PMC4049052/

[4] – **Brown Fat: Don't Try To Burn It**
By RICHARD KNOX
April 9, 20094:06 PM ET, on Morning Edition
http://www.npr.org/templates/story/story.php?storyId=102964807

[5] –**Adapted cold shower as a potential treatment for depression.**
By Shevchuk NA
published at: Med Hypotheses. 2008;70(5):995-1001. Epub 2007 Nov 13.
https://www.ncbi.nlm.nih.gov/pubmed/17993252

[6] – **Mindfulness at school reduces (likelihood of) depression-related symptoms in adolescents**
By Professor Filip Raes (Faculty of Psychology and Educational Sciences, KU Leuven
https://www.sciencedaily.com/releases/2013/03/130315095916.htm

[7] – **Effectiveness of a meditation-based stress reduction program in the treatment of anxiety disorders**
By Emily A. Schmidtman, Ph.D., Robin A. Hurley, M.D., Katherine H. Taber
Published at The American Journal of Psychiatry Volume 149, Issue 7, July 1992
http://ajp.psychiatryonline.org/doi/abs/10.1176/ajp.149.7.936

[8] – **A Randomized, Wait-List Controlled Clinical Trial: The Effect of a Mindfulness Meditation-Based Stress Reduction Program on Mood and Symptoms of Stress in Cancer Outpatients**
By Speca, Michael PsyD; Carlson, Linda E. PhD; Goodey, Eileen MSW; Angen, Maureen PhD
Published at: Psychosomatic Medicine: September/October 2000 - Volume 62 - Issue 5 - pp 613-622
http://journals.lww.com/psychosomaticmedicine/Abstract/2000/09000/A_Randomized,_Wait_List_Controlled_Clinical_Trial_.4.aspx

[9] – **Meditation Programs for Psychological Stress and Well-being**
By Madhav Goyal, MD, MPH1; Sonal Singh, MD, MPH1; Erica M. S. Sibinga, MD, MHS
Published at: *JAMA Intern Med.* 2014;174(3):357-368. doi:10.1001/jamainternmed.2013.13018
https://jamanetwork.com/journals/jamainternalmedicine/fullarticle/1809754

[10] –**Systematic Review of the Efficacy of Meditation Techniques as Treatments for Medical Illness**
By Albert J. Arias, Karen Steinberg, Alok Banga, and Robert L. Trestman
Published at: The Journal of Alternative and Complementary Medicine. October 2006, 12(8): 817-832
http://online.liebertpub.com/doi/abs/10.1089/acm.2006.12.817

[11] – **Buddha's Brain: Neuroplasticity and Meditation**
By Richard J. Davidson, Director and Antoine Lutz, Associate Scientist
Published at: IEEE Signal Process Mag. Author manuscript; available in PMC 2010 Sep 23.
Published in final edited form as:
IEEE Signal Process Mag. 2008 Jan 1; 25(1): 176–174.
https://www.ncbi.nlm.nih.gov/pmc/articles/PMC2944261/

[12] – **Evidence builds that meditation strengthens the brain, UCLA researchers say**
By Mark Wheeler
March 14, 2012, UCLA Network
http://newsroom.ucla.edu/releases/evidence-builds-that-meditation-230237

[13] – **Meditation experience is associated with increased cortical thickness**
By Sara W. Lazar,a Catherine E. Kerr,b Rachel H. Wasserman,a,b Jeremy R. Gray,c Douglas N. Greve,d Michael T. Treadway,a Metta McGarvey,e Brian T. Quinn,d Jeffery A. Dusek,f,g Herbert Benson,f,g Scott L. Rauch,a Christopher I. Moore,h,i and Bruce Fischld,j
Published at: Neuroreport. Author manuscript; available in PMC 2006 Feb 6.
Published in final edited form as:
Neuroreport. 2005 Nov 28; 16(17): 1893–1897.
https://www.ncbi.nlm.nih.gov/pmc/articles/PMC1361002/

[14] – **Mindfulness training modifies subsystems of attention**
By Amishi P. Jha, Jason Krompinger, Michael J. Baime
Published at: Cognitive, Affective, & Behavioral Neuroscience
June 2007, Volume 7, Issue 2, pp 109–119
 https://link.springer.com/article/10.3758/CABN.7.2.109#page-1

[15] – **Open Hearts Build Lives: Positive Emotions, Induced Through Loving-Kindness Meditation, Build Consequential Personal Resources**
By Barbara L. Fredrickson, Michael A. Cohn, Kimberly A. Coffey, Jolynn Pek, and Sandra M. Finkel
Published at: J Pers Soc Psychol. Author manuscript; available in PMC 2011 Aug 15.
Published in final edited form as:
J Pers Soc Psychol. 2008 Nov; 95(5): 1045–1062.
ww.ncbi.nlm.nih.gov/pmc/articles/PMC3156028/

[16] – **Loving-kindness meditation increases social connectedness.**
By Hutcherson, Cendri A. Seppala, Emma M. Gross, James J.
Published at: Emotion, Vol 8(5), Oct 2008, 720-724
http://psycnet.apa.org/record/2008-13989-015

[17] – **Mindfulness-Based Stress Reduction training reduces loneliness and pro-inflammatory gene expression in older adults: A small randomized controlled trial**
By J. David Creswell, Michael R. Irwin, Lisa J. Burklund, Matthew D. Lieberman, Jesusa M.G. Arevalo, Jeffrey Ma,Elizabeth Crabb Breen & Steven W. Cole
Published at: Brain, Behavior, and Immunity, 2012-10-01, Jahrgang 26, Ausgabe 7, Seiten 1095-1101
https://www.clinicalkey.com/#!/content/playContent/1-s2.0-S0889159112001894?returnurl=http:%2F%2Flinkinghub.elsevier.com%2Fretrieve%2Fpii%2FS0889159112001894%3Fshowall%3Dtrue&referrer=

[18] – **Feeding behavior in dopamine-deficient mice**
By Mark S. Szczypka,* Mark A. Rainey,* Douglas S. Kim,* William A. Alaynick,* Brett T. Marck,† Alvin M. Matsumoto,† and Richard D. Palmiter*‡
Published at : Proc Natl Acad Sci U S A. 1999 Oct 12; 96(21): 12138–12143.
https://www.ncbi.nlm.nih.gov/pmc/articles/PMC18425/

[19] – **Effects of sleep deprivation, nicotine, and selenium on wound healing in rats.**
By Gümüştekín K1, Seven B, Karabulut N, Aktaş O, Gürsan N, Aslan S, Keleş M, Varoglu E, Dane S
Published at: Int J Neurosci. 2004 Nov;114(11):1433-42
https://www.ncbi.nlm.nih.gov/pubmed/15636354

[20] – **Effects of acute and chronic sleep loss on immune modulation of rats.**
By Zager A1, Andersen ML, Ruiz FS, Antunes IB, Tufik S
Published at: Am J Physiol Regul Integr Comp Physiol. 2007 Jul;293(1):R504-9. Epub 2007 Apr 4.
https://www.ncbi.nlm.nih.gov/pubmed/17409265

[21] - **Sleep drives metabolite clearance from the adult brain.**
By Xie L1, Kang H, Xu Q, Chen MJ, Liao Y, Thiyagarajan M, O'Donnell J, Christensen DJ, Nicholson C, Iliff JJ, Takano T, Deane R, Nedergaard M
Published at: Science. 2013 Oct 18;342(6156):373-7. doi: 10.1126/science.1241224.
https://www.google.de/url?sa=t&rct=j&q=&esrc=s&source=web&cd=1&ved=0ahUKEwiL0b27uYbXAhXE5xoKHe6uB60QFggpMAA&url=https%3A%2F%2Fwww.ncbi.nlm.nih.gov%2Fpubmed%2F24136970&usg=AOvVaw0OqIC6KrK-oC3PBLqw6Hj8

[22] – **Age-related changes in slow wave sleep and REM sleep and relationship with growth hormone and cortisol levels in healthy men.**
By Van Cauter E1, Leproult R, Plat L.
Published at: JAMA. 2000 Aug 16;284(7):861-8.
https://www.ncbi.nlm.nih.gov/pubmed/10938176

[23] – **Sleep disturbance in mental health problems and neurodegenerative disease**
By Kirstie N Anderson1 and Andrew J Bradley2,3
Published at: Nat Sci Sleep. 2013; 5: 61–75.
Published online 2013 May 31. doi: 10.2147/NSS.S34842
https://www.ncbi.nlm.nih.gov/pmc/articles/PMC3674021/

[24] – **Water, Hydration and Health**
By Barry M. Popkin, Kristen E. D'Anci, and Irwin H. Rosenberg
Published in final edited form as:
Nutr Rev. 2010 Aug; 68(8): 439–45
doi: 10.1111/j.1753-4887.2010.00304.x
https://www.ncbi.nlm.nih.gov/pmc/articles/PMC2908954/